D1146572
R18

LEARN 101 VERBS IN 1 DAY

APRENDE EN 1 DÍA 101 VERBOS

RORY RYDER

Francisco Garnica

Published by
Tsunami Systems, S.L.
Pje Mallofre, 3 Bajos, Sarriá, Barcelona, Spain
www.learnverbs.com

First Edition Tsunami Systems S.L. 2004
First reprint Tsunami Systems S.L. 2005

English Version
ISBN 84-609-4540-5

Illustrated by Francisco Garnica
Photoshop specialist by Olivia Branco, olivia_branco@yahoo.es

Printed and bound by IGOL S.A.
San Gabriel, 50, 08950, Esplugues de Llobregat, Spain

Editorial
Tsunami Systems, S.L.
Pje Mallofre, 3 Bajos, Sarriá, Barcelona, Spain
www.learnverbs.com

Primera Edition Tsunami Systems S.L. 2004

Versión Español
ISBN 84-609-5467-6

Ilustraciones - Francisco Garnica

Printed and bound IGOL S.A.
San Gabriel, 50, 08950, Esplugues de Llobregat, Spain

Tsunami Systems was founded in 2003 in Barcelona, one of the world's most dynamic cities. Our company has quickly established itself internationally as a leader in innovative approaches to language learning. The `*Learn 101 Verbs in 1 Day*´ series, with its `unique interactive pronunciation website´ is a clear example of Tsunami Systems' philosophy. Our books are radically different from all other verb books as they encourage independent learning, whilst injecting fun and humour into the process.

Barcelona, una de las ciudades más cosmopolitas del mundo, vio nacer Tsunami Systems en el año 2003.A pesar de su corta vida, esta editorial se ha convertido en líder internacional gracias a su innovador método de aprendizaje de lenguas. La serie *Aprende 101 verbos en 1 día* y la página web de Pronunciación Interactiva que le acompaña son, sin duda, una clara muestra de la filosofía de Tsunami Systems: podrá aprender a su ritmo y con total autonomía las formas verbales y su pronunciación.'

to Barcelona

a Barcelona

Reviews

Testimonials from Heads of M.F.L. & Teachers using the books with their classes around the U.K.

Sue Tricio -Thurrock & Basildon College – *"This book is easy to refer to and very good for learning the raw forms of the verbs and the pictures are a great help for triggering the memory. The way the story comes together is quite amazing and students found the colour-coded verb tables extremely useful, allowing the eye to go straight to the tense they are working on. Students have found the speaking pronunciation on your website very useful and I would say that when it is used correctly this book is idiot-proof."*

Suzi Turner – Hulme Hall Grammar School – *"An invaluable and motivational learning tool which is bright and focused and easy for pupils to relate to. I think it's an extremely clever idea and I wish I'd thought of it myself - and got it published! Both the pupils & myself loved using it."*

Mrs. K. Merino – Head of Spanish – North London Collegiate School – *"My students really enjoy the pictures because they are intriguing and amusing and they thought the verb tables were excellent for revising for their GCSE Spanish exams."*

Maggie Bowen – Head of Year 11 – Priory Community School -*"An innovative & motivating book that fires the imagination, turning grammar into a non-frightening & enlightening element of learning a language. A much awaited medium that helps to accelerate student's learning & achievement."*

Karen Brooks – Spanish Teacher – Penrice Community College – *"Verbs are bought to life in this book through skilful use of humorous storytelling. This innovative approach to language learning transforms an often dull and uninspiring process into one which is refreshing and empowering."*

Susana Boniface - Kidderminster College -*"Beautifully illustrated, amusing drawings, guaranteed to stay easily in the mind. A very user-friendly book. Well Done!"*

Sandra Browne Hart – Great Cornard Technology College -*"Inspired – the colour-coding reinforces the dependable patterns of Spanish verbs, in* *whatever tense. The pictures are always entertaining - a reminder that we also learn through laughter and humour."*

R. Place – Tyne Metropolitan College – *"The understanding and learning of verbs is probably the key to improving communication at every level. With this book verbs can be learnt quickly and accurately."*

Mrs. A. Coles – High Down School – *"Superb presentation. Very clear colour-coding of different tenses. Nice opportunity to practice the pronunciation. It appealed to one colleague who had never done Spanish but wanted to get started 'after seeing the book.' A great compliment to you!"*

Lynda McTier – Lipson Community College - *"No more boring grammar lessons!!! This book is a great tool for learning verbs through excellent illustrations. A must-have for all language learners."*

Christine Ransome – Bearwood College - *"A real gem of a linguistic tool which will appeal to both the serious scholar and the more casual learner. The entertaining presentation of basic grammar is inspirational, and its simplicity means more retained knowledge, especially amongst dyslexic language scholars."*

Ann Marie Buteman – St Edwards – *"The book is attractive, enlightening and intriguing. The students enjoy the pictures and retain the meaning. The coloured system for tenses is great! Visually, the book maintains enthusiasm and inspires and accelerates the assimilation of verbs and tenses. Superb!"*

Paul Delaney- St Martins -*"We have relatively few Spanish students but we have to get them to GCSE quickly. This verb guide is an ideal supplement to their textbooks and an invaluable aid for coursework success. The free online resources are an added bonus and 100% of all students thought this website was a good idea."*

Mrs. Eames - Akeley Wood School – *Good quality, easy to use – and a fantastic idea of colouring the verbs. It's a super facility to have pronunciation on the website. Students have turned around from lack of enthusiasm & feeling overwhelmed by verbs to 'this is fun, Miss!' and learning 3 verbs in a lesson – a first, very impressed. This book has renewed my interest too."*

Opiniones

La opinión de PROFESORES

Maggie Bowen – *Priory Community School* – *"Innovador e imaginativo. Acerca la gramática de forma entendedora al alumno, acelerando su aprendizaje".*

Karen Brooks – *Penrice Community College* – *"Los verbos aparecen contextualizados gracias al uso de historias ocurrentes y divertidas. Un enfoque innovador que rompe con la monotonía del estudio gramatical".*

Mrs G Bartolome – *Plockton High School* – *"Una bocanada de aire fresco lleno de creatividad".*

Susana Boniface – *Kidderminster College* –*"Magníficamente ilustrado, visualmente atractivo. De lectura fácil y comprensible".*

Dr Marianne Ofner – *Whitgift School* – *"Ideal para aprender los veros de forma amena, promoviendo la autonomía de los alumnos".*

Gail Bruce – *Woodhouse Grove School* – *"Estoy encantado con la respuesta positiva de mis alumnos tras utilizar este método. Enhorabuena".*

Janet R Holland – *Moorland School* – *"Estructura clara y simple con ilustraciones atractivas y llenas de colorido. Su guía de pronunciación es muy útil para la preparación de exámenes orales.".*

Cheryl Smedley – *Manchester Academy* – *"Da respuesta a las necesidades individuales de los alumnos".*

R Place – *Tynemouth College* – *"Entender y dominar las formas verbales es esencial para mejorar la expresión oral. Con este libro el alumno aprenderá los verbos de forma rápida y eficaz".*

Mrs C Quirk – *Northwood College* – *"Su presentación humaniza un aspecto gramatical complicado y provoca el interés del lector, facilitando la memorización o el repaso".*

y ESTUDIANTES

Will Fergie – *(EBAY)* – *"El método es el sueño de cualquier estudiante. Interesante, sencillo de usar, claro, conciso y divertido. Un nuevo concepto en la enseñanza de idiomas".*

Alice Dobson – *Hull High School* – *"Un libro único y esencial para comprender las formas verbales con unas ilustraciones excepcionales".*

Tamara Oughtred – *Hull Grammar School* – *"Enhorabuena por crear un libro que no haga bostezar a los cinco minutos de lectura".*

Introduction

Memory When learning a language, we often have problems remembering the words; it does not mean we have totally forgotten them. It just means that we can't recall them at that particular moment. This book is designed to help people recall the verbs and their conjugations instantly.

The Research Research has shown that one of the most effective ways to remember something is by association. The way the verb (keyword) has been hidden in each illustration to act as a retrieval cue stimulates long-term memory. This method is 7 times more effective than passively reading and responding to a list of verbs.

> *"I like the idea of pictures to help students learn verbs. This approach is radically different from many other more traditional approaches. I feel that many students will find this approach effective and extremely useful in their language learning."*
>
> **Cathy Yates** – *Mid Warwickshire College*

New Approach Most grammar and verb books relegate the vital task of learning verbs to a black & white world of bewildering tables, leaving the student bored and frustrate. LEARN 101 VERBS IN 1 DAY is committed to clarifying the importance of this process through stimulating the senses not by dulling them.

Beautiful Illustrations The illustrations come together to form a story, an approach beyond conventional verb books. To make the most of this book, spend time with each picture to become familiar with everything that is happening. The pictures construct a story involving characters, plots & subplots, with clues

> *"An innovative way of looking at the often tedious task of learning verbs. Clever illustrations are memorable and this is the way forward – visual interest is vital for the modern day pupil."*
>
> **Tessa Judkins** – *Canbury School*

that add meaning to other pictures. Some pictures are more challenging than others, adding to the fun but, more importantly, aiding the memory process.

Keywords We have called the infinitive the 'keyword' to refer to its central importance in remembering the 36 ways it can be used. Once you have located the keyword and made the connection with the illustration, you can start to learn each colour-tense.

> "Apart from the colourful and clear layout of the verbs, the wonderful pictures are a source of inspiration even for the most bored of minds and can lead to all kinds of discussions at different levels of learning. Hiding the verbs in the picture is a great version of "Where's Wally" AND the book has a story-line!"
>
> **Andy Lowe** – The Bolitho School

Colour-Coded Verb Tables The verb tables are designed to save learners valuable time by focusing their attention and allowing them to make immediate connections between the subject and verb. Making this association clear & simple from the beginning gives them more confidence to start speaking the language.

Independent Learning LEARN 101 VERBS IN 1 DAY can be used as a self-study book, or it can be used as part of a teacher-led course. Pronunciation of all the verbs and their conjugations (spoken by a native speaker) are available online at:

www.learnverbs.com.

> *"The online pronunciation guide is an excellent tool. Why bother with silly phonetics when you can actually hear a native speaker pronounce it?"*
>
> *www.barcelonaconnect.com*

Master the Verbs Once you are confident with each colour-tense, congratulate yourself because you will have learnt over 3600 verb forms - an achievement that takes some people years to master!

Introducción

Recordar El hecho de no recordar un verbo en un momento determinado no significa que lo hayamos olvidado por completo. Este libro está diseñado para ayudarnos a recordar rápidamente el verbo y sus conjugaciones.

Ilustraciones Las características más innovadoras de este libro son la ilustración de una situación para entender o recordar el significado del verbo en cuestión y la utilización de un código de colores para identificar los tiempos verbales.

> *"Me encanta la idea de usar dibujos para ayudar a los alumnos a aprender los verbos. Este enfoque es totalmente diferente al utilizado por la mayoría de gramáticas tradicionales. Estoy convencida de que para muchos alumnos este método será una herramienta útil y eficaz".*
>
> **Cathy Yates** – *Mid Warwickshire College*

Enfoque Revolucionario Learn 101 Verbs in 1 Day representa un enfoque revolucionario en el aprendizaje de idiomas, centrándose en los verbos más utilizados y facilitando su rápida memorización o su simple repaso.

Aprendizaje Básico No cabe duda que el aprendizaje de las conjugaciones verbales es básico para alcanzar el dominio de cualquier lengua. A pesar de ello, la mayoría de gramáticas relegan este aspecto a una multitud de tablas desconcertantes y monótonas que simplemente consiguen la frustración y el abandono del alumno.

> *"Presentación colorista e ilustraciones atractivas que motivan al lector y le ayudan a reconocer los verbos".*
>
> **Kant Mann** – *Beechen Cliff*

En cambio, el libro que tiene en sus manos hará del estudio de los tiempos verbales una experiencia divertida y gratificante gracias al uso de ilustraciones llamativas y tablas de colores, ahorrándole tiempo y animándole al uso de la expresión oral del idioma.

Innovación Pedagógica Diversos estudios han demostrado que una de las estrategias más eficaces que existen para recordar lo aprendido es la asociación de ideas. Por ello, la forma en la que el verbo se esconde en cada ilustración no es casual. El aprendizaje activo y no la lectura pasiva de un listado de infinitivos quintuplica su facilidad para una memorización posterior.

Para aprovechar al máximo este libro, examine con detenimiento cada ilustración hasta familiarizarse con todos los detalles. Descubrirá un relato, personajes que aparecen en diversas ocasiones, simbolismos, argumentos principales y secundarios e ilustraciones que se complementan las unas con las otras.

> *"Claro y útil para distinguir las formas verbales. Considerado el mejor libro de verbos por los alumnos".*
>
> **Andrea White** – *Bristol Grammar School*

En algunos casos, le será difícil descifrar el verbo que describe la situación. Pero no se preocupe, ello estimulará tanto su interés como la memoria.

Palabras Clave El infinitivo constituye la palabra clave ya que mediante su aprendizaje y visualización conseguirá recordar fácilmente las treinta y seis formas en que puede ser usado. Una vez haya localizado el verbo y la ilustración, puede empezar a estudiar cada color (que marca un tiempo verbal)

Estimulando el Aprendizaje Autónomo Learn 101 Verbs in 1 day puede ser utilizado como libro de autoaprendizaje o puede complementar cualquier método o clase. La pronunciación de los verbos y sus respectivas conjugaciones puede consultarse en Internet en la siguiente página web:

> *"La guía de pronunciación online es una herramienta excelente. ¿Por qué complicarse en explicar símbolos fonéticos cuando se puede oír la pronunciación de un nativo?"*
>
> *www.barcelonaconnect.com*

www.learnverbs.com.

La guía de pronunciación online es una herramienta excelente. ¿Por qué complicarse en explicar símbolos fonéticos cuando se puede oír la pronunciación de un nativo?

Domine los Verbos Rápidamente Una vez se haya familiarizado con cada color (tiempo verbal), ¡enhorabuena! – Significa que ha aprendido más de 3600 formas verbales en un tiempo récord, ya que muchas personas tardan años en conseguirlo.

Age Guide

AGE	Locate all verbs in the 101 illustrations.	Learn Tense(s).	Build sentences using the verbs.	Go to website and learn the pronoun-ciation of the verb.	Have full command of all conjugations spoken and written.
8-12	✓	●	X	X	X
12-16	✓	● ● ●	✓	✓	X
Advanced	✓	● ● ● ● ● ●	✓	✓	✓

Manual de uso por edades

EDAD	Identificar los verbos de las 101 ilustraciones.	Aprender los tiempos verbales.	Hacer frases con los verbos.	Aprender la pronunciación de los verbos online.	Dominar las conjugaciones a nivel oral y escrito.
8-12	✓	●	✗	✗	✗
12-16	✓	● ● ●	✓	✓	✗
Avanzado	✓	● ● ● ● ● ●	✓	✓	✓

Regular Verbs

		-are Parlare		-ere Sbattere		-ire Sentire	
Presente	Io	Parl	o	Sbatt	o	Sent	o
	Tu	Parl	i	Sbatt	i	Sent	i
	Lei	Parl	a	Sbatt	e	Sent	e
	Noi	Parl	amo	Sbatt	iamo	Sent	iamo
	Voi	Parl	ate	Sbatt	ete	Sent	íte
	Loro	Parl	ano	Sbatt	ono	Sent	ono
Imperfetto	Io	Parl	avo	Sbatt	evo	Sent	ivo
	Tu	Parl	avi	Sbatt	evi	Sent	ivi
	Lei	Parl	ava	Sbatt	eva	Sent	iva
	Noi	Parl	avamo	Sbatt	evamo	Sent	ivamo
	Voi	Parl	avate	Sbatt	evate	Sent	ivate
	Loro	Parl	avano	Sbatt	evano	Sent	ivano
Passato Remoto	Io	Parl	ai	Sbatt	ei	Sent	ii
	Tu	Parl	asti	Sbatt	esti	Sent	iste
	Lei	Parl	ò	Sbatt	é	Sent	ì
	Noi	Parl	ammo	Sbatt	emmo	Sent	immo
	Voi	Parl	aste	Sbatt	este	Sent	iste
	Loro	Parl	arono	Sbatt	erono	Sent	irono
Futuro	Io	Parler	ò	Sbatter	ò	Sentir	ò
	Tu	Parler	ai	Sbatter	ai	Sentir	ai
	Lei	Parler	á	Sbatter	à	Sentir	à
	Noi	Parler	emo	Sbatter	emo	Sentir	emo
	Voi	Parler	ete	Sbatter	ete	Sentir	ete
	Loro	Parler	anno	Sbatter	anno	Sentir	anno
Condizionale	Io	Parler	ei	Sbatter	ei	Sentir	ei
	Tu	Parler	esti	Sbatter	esti	Sentir	esti
	Lei	Parler	ebbe	Sbatter	ebbe	Sentir	ebbe
	Noi	Parler	emo	Sbatter	emmo	Sentir	emmo
	Voi	Parler	esti	Sbatter	este	Sentir	este
	Loro	Parler	ebbero	Sbatter	ebbero	Sentir	ebbero
Passato Prossimo	Io	Ho parl	ato	Ho sbatt	uto	Ho sent	ito
	Tu	Hai parl	ato	Hai sbatt	uto	Hai sent	ito
	Lei	Ha parl	ato	Ha sbatt	uto	Ha sent	ito
	Noi	Abbiamo parl	ato	Abbiamo sbatt	uto	Abbiamo sent	ito
	Voi	Avete parl	ato	Avete sbatt	uto	Avete sent	ito
	Loro	Hanno parl	ato	Hanno sbatt	uto	Hanno sent	ito

learnverbs.com

Sub.	Presente	Imperfetto	Passato Remoto	Futuro	Cond	Passato Prossimo.
Io	dirigo	dirigevo	diressi	dirigerò	dirigerei	ho diretto
Tu	dirigi	dirigevi	dirigesti	dirigerai	dirigeresti	hai diretto
Lui Lei	dirige	dirigeva	diresse	dirigerà	dirigerebbe	ha diretto
Noi	dirigiamo	dirigevamo	dirigemmo	dirigeremo	dirigeremmo	abbiamo diretto
Voi	dirigete	dirigevate	dirigeste	dirigerte	dirigereste	avete diretto
Loro	dirigono	dirigevano	diressero	dirigeranno	dirigerebbero	hanno diretto

learnverbs.com

Sub.	Presente	Imperfetto	Passato Remoto	Futuro	Cond	Passato Prossimo.
Io	ho	avevo	abbi	avrò	avrei	ho avuto
Tu	hai	avevi	avesti	avrai	avesti	hai avuto
Lui Lei	ha	aveva	ebbe	avrà	avrebbe	ha avuto
Noi	abbiamo	avevamo	avemmo	avremo	avremmo	abbiamo avuto
Voi	avete	avevate	aveste	avrete	avreste	avete avuto
Loro	hanno	avevano	ebbero	avranno	avrebbero	hanno avuto

learnverbs.com

Sub.	Presente	Imperfetto	Passato Remoto	Futuro	Cond	Passato Prossimo.
Io	voglio	volevo	volli	vorrò	vorie	ho voluto
Tu	vuoi	volevi	volesti	vorrai	vorresti	hai voluto
Lui Lei	vuole	voleva	volle	vorrà	vorrebbe	ha voluto
Noi	vogliamo	volevamo	volemmo	vorremo	vorremmo	abbiamo voluto
Voi	volete	volevate	voleste	vorrete	vorreste	avete voluto
Loro	vogliono	volevano	vollero	vorranno	vorrebbero	hanno voluto

learnverbs.com

Sub.	Presente	Imperfetto	Passato Remoto	Futuro	Cond	Passato Prossimo.
Io	posso	potevo	potei	potrò	potrei	ho potuto
Tu	puoi	potevi	potesti	potrai	potresti	hai potuto
Lui Lei	può	poteva	poté	potra	potrebbe	ha potuto
Noi	possiamo	potevamo	potemmo	potremo	potremmo	abbiamo-potuto
Voi	potete	potevate	poteste	potrete	potreste	avete potuto
Loro	possono	potevano	poterono	potranno	potrebbero	hanno potuto

Sub.	Presente	Imperfetto	Passato Remoto	Futuro	Cond	Passato Prossimo.
Io	creo	creavo	creai	creerò	creerei	ho creato
Tu	crei	creavi	creasti	creerai	creeresti	hai creato
Lui Lei	crea	creava	creò	creerà	creerebbe	ha creato
Noi	creiamo	creavamo	creammo	creeremo	creeremmo	abbiamo-creato
Voi	create	creavate	creaste	creerete	creereste	avete creato
Loro	creano	creavano	crearono	creeranno	creerebbero	hanno creato

learnverbs.com

Sub.	Presente	Imperfetto	Passato Remoto	Futuro	Cond	Passato Prossimo.
Io	dipingo	dipingevo	dipinsi	dipingerò	dipingerei	ho dipinto
Tu	dipingi	dipingevi	dipingesti	dipingerai	dipingeresti	hai dipinto
Lui Lei	dipinge	dipingeva	dipinse	dipingerà	dipingerebbe	ha dipinto
Noi	dipingiamo	dipingevamo	dipingemmo	dipingeremo	dipingeremmo	abbiamo-dipinto
Voi	dipingete	dipingevate	dipingeste	dipingerete	dipingereste	avete dipinto
Loro	dipingono	dipingevano	dipinsero	dipingeranno	dipingerebbero	hanno dipinto

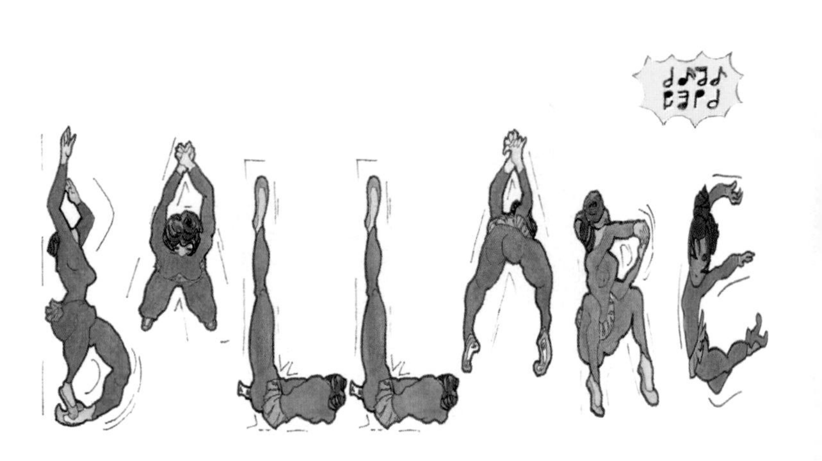

learnverbs.com

Sub.	Presente	Imperfetto	Passato Remoto	Futuro	Cond	Passato Prossimo.
Io	ballo	ballavo	ballai	ballerò	ballerei	ho ballato
Tu	balli	ballavi	ballasti	ballerai	balleresti	hai ballato
Lui Lei	balla	ballava	ballò	ballerà	ballerebbe	ha ballato
Noi	balliamo	ballavamo	ballammo	balleremo	balleremmo	abbiamo ballato
Voi	ballate	ballavate	ballaste	ballerete	ballereste	avete ballato
Loro	ballano	ballavano	ballarono	balleranno	ballerebbero	hanno ballato

learnverbs.com

Sub.	Presente	Imperfetto	Passato Remoto	Futuro	Cond	Passato Prossimo.
Io	leggo	leggevo	lessi	leggerò	leggerei	ho letto
Tu	leggi	leggevi	leggesti	leggerai	leggeresti	hai letto
Lui Lei	legge	leggeva	lesse	leggerà	leggerebbe	ha letto
Noi	leggiamo	leggevamo	leggemmo	leggeremo	leggeremmo	abbiamo letto
Voi	leggete	leggevate	leggeste	leggerete	leggereste	avete letto
Loro	leggono	leggevano	lessero	leggeranno	leggerebbero	hanno letto

learnverbs.com

Sub.	Presente	Imperfetto	Passato Remoto	Futuro	Cond	Passato Prossimo.
Io	smetto	smettevo	smisi	smetterò	smetterei	ho smesso
Tu	smetti	smettevi	smettesti	smetterai	smetteresti	hai smesso
Lui Lei	smette	smetteva	smise	smetterà	smetterebbe	ha smesso
Noi	smettiamo	smettevamo	smettemmo	smetteremo	smetteremmo	abbiamo smesso
Voi	smettete	smettevate	smetteste	smetterete	smettereste	avete smesso
Loro	smettono	smettevano	smisero	smetteranno	smetterebbero	hanno smesso

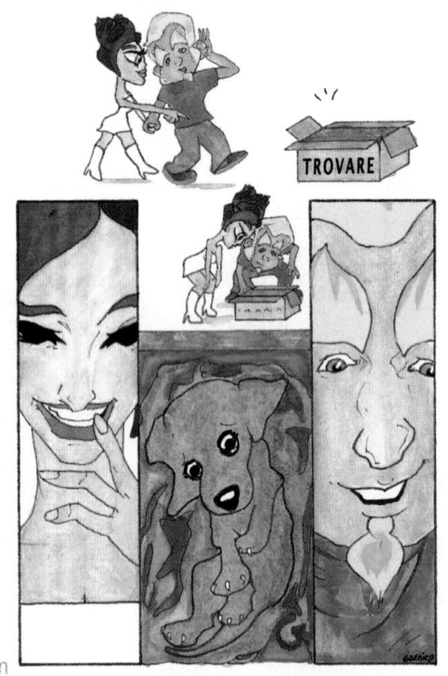

learnverbs.com

Sub.	Presente	Imperfetto	Passato Remoto	Futuro	Cond	Passato Prossimo.
Io	trovo	trovavo	trovai	troverò	troverei	ho trovato
Tu	trovi	trovavi	trovasti	troverai	troveresti	hai trovato
Lui Lei	trova	trovava	trovò	troverà	troverebbe	ha trovato
Noi	troviamo	trovavamo	trovammo	troveremo	troveremmo	abbiamo trovato
Voi	trovate	trovavate	trovaste	troverete	trovereste	avete trovato
Loro	trovano	trovavano	trovarono	troveranno	troverebbero	hanno trovato

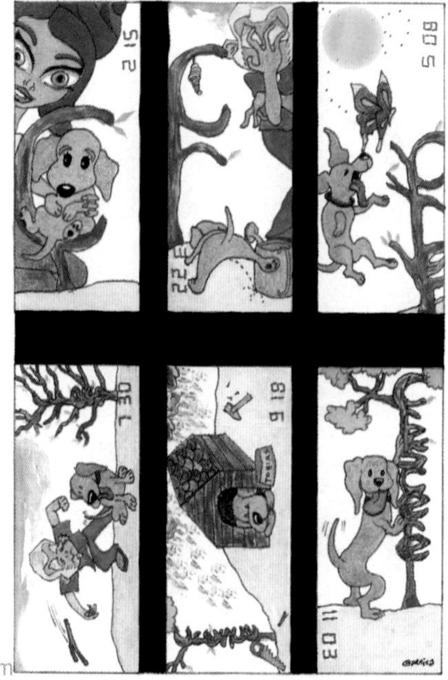

Sub.	Presente	Imperfetto	Passato Remoto	Futuro	Cond	Passato Prossimo.
Io	cresco	crescevo	crebbi	crescerò	crescerei	sono-cresciuto
Tu	cresci	crescevi	crescesti	crescerai	cresceresti	sei cresciuto
Lui Lei	cresce	cresceva	crebbe	crescerà	crescerebbe	è cresciuto
Noi	cresciamo	crescevamo	crescemmo	cresceremo	cresceremmo	siamo-cresciuti
Voi	crescete	crescevate	cresceste	crescerete	crescereste	siete cresciuti
Loro	crescono	crescevano	crebbero	cresceranno	crescerebbero	sono cresciuti

learnverbs.com

Sub.	Presente	Imperfetto	Passato Remoto	Futuro	Cond	Passato Prossimo.
Io	porto	portavo	portai	porterò	porterei	ho portato
Tu	porti	portavi	portasti	porterai	porteresti	hai portato
Lui Lei	porta	portava	portò	porterà	porterebbe	ha portado
Noi	portiamo	portavamo	portammo	porteremo	porteremmo	abbiamo portato
Voi	portate	portavate	portaste	porterete	portereste	avete portato
Loro	portano	portavano	portaronno	porteranno	porterebbero	hanno portato

learnverbs.com

Sub.	Presente	Imperfetto	Passato Remoto	Futuro	Cond	Passato Prossimo.
Io	cucino	cucinavo	cucinai	cucinerò	cucinerei	ho cucinato
Tu	cucini	cucinavi	cucinasti	cucinerai	cucineresti	hai cucinato
Lui Lei	cucina	cucinava	cucinò	cucinerà	cucinerebbe	ha cucinato
Noi	cuciniamo	cucinavamo	cucinammo	cucineremo	cucineremmo	abbiamo cucinato
Voi	cucinate	cucinavate	cucinaste	cucinerete	cucinereste	avete cucinato
Loro	cucinano	cucinavano	cucinarono	cucineranno	cucinerebbero	hanno cucinato

learnverbs.com

Sub.	Presente	Imperfetto	Passato Remoto	Futuro	Cond	Passato Prossimo.
Io	piaccio	piacevo	piacqui	piacqerò	piacerei	sono piaciuto
Tu	piaci	piacevi	piacesti	piacerai	piaceresti	sei piaciuto
Lui Lei	piace	piaceva	piacque	piacerà	piacerebbe	è piaciuto
Noi	piacciamo	piacevamo	piacemmo	piaceremo	piaceremmo	siamo piaciuti
Voi	piacete	piacevate	piaceste	piacerete	piacereste	siete piaciuti
Loro	piacciono	piacevano	piacquero	piaceranno	piacerebbero	sono piaciuti

learnverbs.com

Sub.	Presente	Imperfetto	Passato Remoto	Futuro	Cond	Passato Prossimo.
Io	apro	aprivo	apii/apersi	aprirò	aprirei	ho aperto
Tu	apri	aprivi	apristi	aprirai	apriresti	hai aperto
Lui Lei	apre	apriva	aprì/aperse	aprirà	aprirebbe	ha aperto
Noi	apriamo	aprivamo	aprimmo	apriremo	apriremmo	abbiamo aperto
Voi	aprite	aprivate	apriste	aprirte	aprireste	avete aperto
Loro	aprono	aprivano	aprirono, apersero	apriranno	aprirebbero	hanno aperto

learnverbs.com

Sub.	Presente	Imperfetto	Passato Remoto	Futuro	Cond	Passato Prossimo.
Io	bevo	bevevo	bevvi	berrò	berrei	ho bevuto
Tu	bevi	bevevi	bevesti	berrai	berresti	hai bevuto
Lui Lei	beve	beveva	bevve	berrà	berrebbe	ha bevuto
Noi	beviamo	bevevamo	bevemmo	berremo	berremmo	abbiamo bevuto
Voi	bevete	bevevate	beveste	berrete	berreste	avete bevuto
Loro	bevono	bevevano	bevvero	berranno	berrebbero	hanno bevuto

learnverbs.com

Sub.	Presente	Imperfetto	Passato Remoto	Futuro	Cond	Passato Prossimo.
Io	canto	cantavo	cantai	canterò	canterei	ho cantato
Tu	canti	cantavi	cantasti	canterai	canteresti	hai cantato
Lui Lei	canta	cantava	cantò	canterà	canterebbe	ha cantato
Noi	cantiamo	cantavamo	cantammo	canteremo	canteremmo	abbiamo cantato
Voi	cantate	cantavate	cantaste	canterete	cantereste	avete cantato
Loro	cantano	cantavano	cantarono	canteranno	canterebbero	hanno cantato

learnverbs.com

Sub.	Presente	Imperfetto	Passato Remoto	Futuro	Cond	Passato Prossimo.
Io	dormo	dormivo	dormii	dormirò	dormirei	ho dormito
Tu	dormi	dormivi	dormisti	dormirai	dormiresti	hai dormito
Lui Lei	dorme	dormiva	dormì	dormirà	dormirebbe	ha dormito
Noi	dormiamo	dormivamo	dormimmo	dormiremo	dormiremmo	abbiamo dormito
Voi	dormite	dormivate	dormiste	dormirete	dormireste	avete dormito
Loro	dormono	dormivano	dormirono	dormiranno	dormirebbero	hanno dormito

learnverbs.com

Sub.	Presente	Imperfetto	Passato Remoto	Futuro	Cond	Passato Prossimo.
Io	scendo	scendevo	scesi	scenderò	scenderei	sono sceso
Tu	scendi	scendevi	scendesti	scenderai	scenderesti	sei sceso
Lui Lei	scende	scendeva	scese	scenderà	scenderebbe	è sceso
Noi	scendiamo	scendevamo	scendemmo	scenderemo	scenderemmo	siamo scesi
Voi	scendete	scendevate	scendeste	scenderete	scendereste	siete scesi
Loro	scendono	scendevano	scesero	scenderanno	scenderebbero	sono scesi

learnverbs.com

Sub.	Presente	Imperfetto	Passato Remoto	Futuro	Cond	Passato Prossimo.
Io	mi siedo	mi sedevo	mi sedei/ mi sedetti	mi siederò	mi siederei	mi sono seduto
Tu	ti siedi	ti sedevi	ti sedesti	ti siederai	ti siederesti	ti sei seduto
Lui Lei	si siede	si sedeva	si sedè/ si sedette	si siederà	si siederebbe	si è seduto
Noi	ci sediamo	ci sedevamo	ci sedemmo	ci siederemo	ci siederemmo	ci siamo seduti
Voi	vi sedete	vi sedevate	vi sedeste	vi siederete	vi siedereste	vi siete seduti
Loro	si siedono	si sedevano	si sederono/ si sedettero	si siederanno	si sederebbero	si sono seduti

learnverbs.com

Sub.	Presente	Imperfetto	Passato Remoto	Futuro	Cond	Passato Prossimo.
Io	gioco	giocavo	giocai	giocherò	giocherei	ho giocato
Tu	giochi	giocavi	giocasti	giocherai	giocheresti	hai giocato
Lui Lei	gioca	giocava	giocò	giocherà	giocherebbe	ha giocato
Noi	giochiamo	giocavamo	giocammo	giocheremo	giocheremmo	abbimo giocato
Voi	giocate	giocavate	giocaste	giocherete	giochereste	avete giocato
Loro	giocano	giocavano	giocarono	giocheranno	giocherebbero	hanno giocato

learnverbs.com

Sub.	Presente	Imperfetto	Passato Remoto	Futuro	Cond	Passato Prossimo.
Io	metto	mettevo	misi	metterò	metterei	ho messo
Tu	metti	mettevi	mettesti	metterai	metteresti	hai messo
Lui Lei	mette	metteva	mise	metterà	metterebbe	ha messa
Noi	mettiamo	mettevamo	mettemmo	metteremo	metteremmo	abbiamo messa
Voi	mettete	mettevate	metteste	metterete	mettereste	avete messo
Loro	mettono	mettevano	misero	metteranno	metterebbero	hanno messo

learnverbs.com

Sub.	Presente	Imperfetto	Passato Remoto	Futuro	Cond	Passato Prossimo.
Io	perdo	perdevo	persi	perderò	perderei	ho perso
Tu	perdi	perdevi	perdesti	perderai	perderesti	hai perso
Lui Lei	perde	perdeva	perse	perderà	perderebbe	ha perso
Noi	perdiamo	perdevamo	perdemmo	perderemo	perderemmo	abbiamo perso
Voi	perdete	perdevate	perdeste	perderete	perdereste	avete perso
Loro	perdono	perdevano	persero	perderanno	perderebbero	hanno perso

learnverbs.com

Sub.	Presente	Imperfetto	Passato Remoto	Futuro	Cond	Passato Prossimo.
Io	sveglio	svegliavo	svegliai	sveglierò	sveglierei	ho svegliato
Tu	svegli	svegliavi	svegliasti	sveglierai	sveglieresti	hai svegliato
Lui Lei	sveglia	svegliava	svegliò	sveglierà	sveglierebbe	ha svegliato
Noi	svegliamo	svegliavamo	svegliammo	svegliermo	sveglieremmo	abbiamo svegliato
Voi	svegliate	svegliavate	svegliaste	sveglierete	svegliereste	avete svegliato
Loro	svegliano	svegliavano	svegliaronno	sveglieranno	sveglierebbero	hanno svegliato

learnverbs.com

Sub.	Presente	Imperfetto	Passato Remoto	Futuro	Cond	Passato Prossimo.
Io	corro	correvo	corsi	correrò	correrei	ho corso
Tu	corri	correvi	corresti	correrai	correresti	hai corso
Lui Lei	corre	correva	corse	correrà	correrebbe	ha corso
Noi	corriamo	correvamo	corremmo	correremo	correremmo	abbiamo corso
Voi	correte	correvate	correste	correrete	correrste	avete corso
Loro	corrono	correvano	corsero	correranno	correrebbero	hanno corso

learnverbs.com

Sub.	Presente	Imperfetto	Passato Remoto	Futuro	Cond	Passato Prossimo.
Io	cado	cadevo	caddi	cadrò	cadrei	sono caduto
Tu	cadi	cadevi	cadesti	cadrai	cadresti	sei caduto
Lui Lei	cade	cadeva	cadde	cadrà	cadrebbe	è caduto
Noi	cadiamo	cadevamo	cademmo	cadremo	cadremmo	siamo caduto
Voi	cadete	cadevate	cadeste	cadrete	cadreste	siete caduto
Loro	cadono	cadevano	caddero	cadranno	cadrebbero	sono caduti

learnverbs.com

Sub.	Presente	Imperfetto	Passato Remoto	Futuro	Cond	Passato Prossimo.
Io	cerco	cercavo	cercai	cercherò	cercherei	ho cercato
Tu	cerchi	cercavi	cercasti	cercherai	cercheresti	hai cercato
Lui Lei	cerca	cercava	cercò	cercherà	cercherebbe	ha cercato
Noi	cerchiamo	cercavamo	cercammo	cercheremo	cercheremmo	abbiamo cercato
Voi	cercate	cercavate	cercaste	cercherete	cerchereste	avete cercato
Loro	cercano	cercavano	cercarono	cercheranno	cercherebbero	hanno cercato

learnverbs.com

Sub.	Presente	Imperfetto	Passato Remoto	Futuro	Cond	Passato Prossimo.
Io	esco	uscivo	uscii	uscirò	uscirei	sono uscito
Tu	esci	uscivi	uscisti	uscirai	usciresti	sei uscito
Lui Lei	esce	usciva	usci	uscirà	uscirebbe	è uscito
Noi	usciamo	uscivamo	uscimmo	usciremo	usciremmo	siamo usciti
Voi	uscite	uscivate	usciste	uscirete	uscireste	siete usciti
Loro	escono	uscivano	uscirono	usciranno	uscirebbero	sono usciti

Sub.	Presente	Imperfetto	Passato Remoto	Futuro	Cond	Passato Prossimo.
Io	mi lavo	mi lavavo	mi lavai	mi laverò	mi laverei	mi sono lavato
Tu	ti lavi	ti lavavi	ti lavasti	ti laverai	ti laveresti	ti sei lavato
Lui Lei	si lava	si lavava	si lavò	si laverà	si laverebbe	si è lavato
Noi	ci laviamo	ci lavavamo	ci lavammo	ci laveremo	ci laveremmo	ci siamo lavati
Voi	vi lavate	vi lavavate	vi lavaste	vi laverete	vi lavereste	vi siete lavati
Loro	si lavano	si lavavano	si lavarono	si laveranno	si laverebbero	si sono lavati

learnverbs.com

Sub.	Presente	Imperfetto	Passato Remoto	Futuro	Cond	Passato Prossimo.
Io	pettino	pettinavo	pettinai	pettinerò	pettinerei	ho pettinato
Tu	pettini	pettinavi	pettinasti	pettinerai	pettineresti	hai pettinato
Lui Lei	pettina	pettinava	pettinò	pettinerà	pettinerebbe	ha pettinato
Noi	pettiniamo	pettinavamo	pettinammo	pettineremo	pettineremmo	abbiamo pettinato
Voi	pettinate	pettinavate	pettinaste	pettinerete	pettinereste	avete pettinato
Loro	pettinano	pettinavano	pettinarono	pettineranno	pettinerebbero	hanno pettinato

Vestire

learnverbs.com

Sub.	Presente	Imperfetto	Passato Remoto	Futuro	Cond	Passato Prossimo.
Io	vesto	vestivo	vestii	vestirò	vestirei	ho vestito
Tu	vesti	vestivi	vestisti	vestirai	vestiresti	hai vestito
Lui Lei	veste	vestiva	vestì	vestirà	vestirebbe	ha vestito
Noi	vestiamo	vestivamo	vestimmo	vestiremo	vestiremmo	abbimo vestito
Voi	vestite	vestivate	vestiste	vestirete	vestireste	avete vestito
Loro	vestono	vestivano	vestirono	vestiranno	vestirebbero	hanno vestito

learnverbs.com

Sub.	Presente	Imperfetto	Passato Remoto	Futuro	Cond	Passato Prossimo.
Io	arrivo	arrivavo	arrivai	arriverò	arriverei	sono arrivato
Tu	arrivi	arrivavi	arrivasti	arriverai	arriveresti	sei arrivato
Lui Lei	arriva	arrivava	arrivò	arriverà	arriverebbe	è arrivato
Noi	arriviamo	arrivavamo	arrivammo	arriveremo	arriveremmo	siamo arrivati
Voi	arrivate	arrivavate	arrivaste	arriverete	arrivereste	siet arrivati
Loro	arrivano	arrivavano	arrivarono	arriverannno	arriverebbero	sono arrivati

learnverbs.com

Sub.	Presente	Imperfetto	Passato Remoto	Futuro	Cond	Passato Prossimo.
Io	vedo	vedevo	vidi	vedrò	vedrei	ho visto
Tu	vedi	vedevi	vedesti	vedrai	vedresti	hai visto
Lui Lei	vede	vedeva	vide	vedrà	vedrebbe	ha visto
Noi	vediamo	vedevamo	vedemmo	vedremo	vedremmo	abbiamo visto
Voi	vedete	vedevate	vedeste	vedrete	vedreste	avete visto
Loro	vedono	vedevano	videro	vedranno	vedrebbero	hanno visto

learnverbs.com

Sub.	Presente	Imperfetto	Passato Remoto	Futuro	Cond	Passato Prossimo.
Io	grido	gridavo	gridai	griderò	griderei	ho gridato
Tu	gridi	gridavi	gridasti	griderai	grideresti	hai gridato
Lui Lei	grida	gridava	gridò	griderà	griderebbe	ha gritado
Noi	gridiamo	gridavamo	gridammo	grideremo	grideremmo	abbiamo gritado
Voi	gridate	gridavate	gridaste	griderete	gridereste	avete gritado
Loro	gridano	gridavano	gridarono	grideranno	griderebbero	hanno gridato

Sub.	Presente	Imperfetto	Passato Remoto	Futuro	Cond	Passato Prossimo.
Io	sento	sentivo	sentii	sentirò	sentirei	ho sentito
Tu	senti	sentivi	sentisti	sentirai	sentiresti	hai sentito
Lui Lei	sente	sentiva	senti	sentirà	sentirebbe	ha sentito
Noi	sentiamo	sentivamo	sentimmo	sentiremo	sentiremmo	abbiamo sentito
Voi	sentite	sentivate	sentiste	sentirete	sentireste	avete sentito
Loro	sentono	sentivano	sentirono	sentiranno	sentirebbero	hanno sentito

learnverbs.com

Sub.	Presente	Imperfetto	Passato Remoto	Futuro	Cond	Passato Prossimo.
Io	picchio	picchiavo	picchiai	picchierò	picchierei	ho picchiato
Tu	picchi	picchiavi	picchiasti	picchierai	picchieresti	hai picchiato
Lui Lei	picchia	picchiava	picchiò	picchierà	picchierebbe	ha picchiato
Noi	picchiamo	picchiavamo	picchiammo	picchieremo	picchieremmo	abbiam picchiato
Voi	picchiate	picchiavate	picchiaste	picchierete	picchiereste	avete picchiato
Loro	picchiano	picchiavano	picchiarono	picchieranno	picchierebbero	hanno picchiato

learnverbs.com

Sub.	Presente	Imperfetto	Passato Remoto	Futuro	Cond	Passato Prossimo.
Io	separo	separavo	separai	separerò	separerei	ho separato
Tu	separi	separavi	separasti	separerai	separeresti	hai separato
Lui Lei	separa	separava	separò	separerà	separerebbe	ha separato
Noi	separiamo	separavamo	separammo	separeremo	separeremmo	abbiamo separato
Voi	separate	separavate	separaste	separerete	separereste	avete separato
Loro	separano	separavano	separarono	separeranno	separerebbero	hanno separato

learnverbs.com

Sub.	Presente	Imperfetto	Passato Remoto	Futuro	Cond	Passato Prossimo.
Io	chiudo	chiudevo	chiusi	chiuderò	chiuderei	ho chiuso
Tu	chiudi	chiudevi	chiudesti	chiuderai	chiuderesti	hai chiuso
Lui Lei	chiude	chiudeva	chiuse	chiuderà	chiuderebbe	ha chiuso
Noi	chiudiamo	chiudevamo	chiudemmo	chiuderemo	chiuderemmo	abbiamo chiuso
Voi	chiudete	chiudevate	chiudeste	chiuderete	chiudereste	avete chiuso
Loro	chiudono	chiudevano	chiusero	chiuderanno	chiuderebbero	hanno chiuso

learnverbs.com

Sub.	Presente	Imperfetto	Passato Remoto	Futuro	Cond	Passato Prossimo.
Io	dimentico	dimenticavo	dimenticai	dimenticherò	dimenticherei	ho dimenticato
Tu	dimentichi	dimenticavi	dimenticasti	dimenticherai	dimentich-eresti	hai dimenticato
Lui Lei	dimentica	dimenticava	dimenticò	dimenticherà	dimentiche-rebbe	ha dimenticato
Noi	dimenti-chiamo	dimenti-cavamo	dimenticammo	dimentich-eremo	dimentiche-remmo	abbiamo dimenticato
Voi	dimenticate	dimenticavate	dimenticaste	dimenticherete	dimentiche-reste	avete dimenticato
Loro	dimenticano	dimenticavano	dimenticarono	dimentich-erannno	dimentiche-rebbero	hanno dimenticato

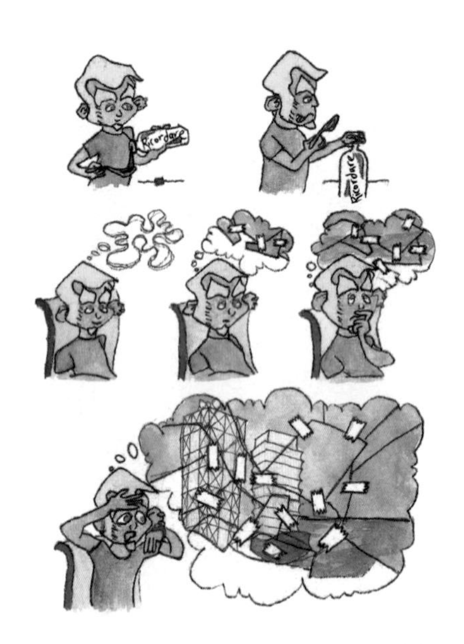

learnverbs.com

Sub.	Presente	Imperfetto	Passato Remoto	Futuro	Cond	Passato Prossimo.
Io	ricordo	ricordavo	ricordai	ricorderò	ricorderei	ho ricordato
Tu	ricordi	ricordavi	ricordasti	ricorderai	ricorderesti	hai ricordato
Lui Lei	ricorda	ricordava	ricordò	ricorderà	ricorderebbe	ha ricordato
Noi	ricordiamo	ricordavamo	ricordammo	ricorderemo	ricorderemmo	abbiamo ricordato
Voi	ricordate	ricordavate	ricordaste	ricorderete	ricordereste	avete ricordato
Loro	ricordano	ricordavano	ricordarono	ricorderanno	ricorderebbero	hanno ricordato

learnverbs.com

Sub.	Presente	Imperfetto	Passato Remoto	Futuro	Cond	Passato Prossimo.
	piove	pioveva	piovve	pioverà	pioverebbe	ha piovuto

learnverbs.com

Sub.	Presente	Imperfetto	Passato Remoto	Futuro	Cond	Passato Prossimo.
Io	parlo	parlavo	parlai	parlerò	parlerei	ho parlato
Tu	parli	parlavi	parlasti	parlerai	parleresti	hai parlato
Lui Lei	parla	parlava	parlò	parlerà	parlerebbe	ha parlato
Noi	parliamo	parlavamo	parlammo	parleremo	parleremmo	abbiamo parlato
Voi	parlate	parlavate	parlaste	parlerete	parlereste	avete parlato
Loro	parlano	parlavano	parlarono	parleranno	parlerebbero	hanno parlato

learnverbs.com

Sub.	Presente	Imperfetto	Passato Remoto	Futuro	Cond	Passato Prossimo.
Io	inciampo	inciampavo	inciampai	inciamperò	inciamperei	sono inciampato
Tu	inciampi	inciampavi	inciampasti	inciamperai	inciamperesti	sei inciampato
Lui Lei	inciampa	inciampava	inciampò	inciamperà	inciamperebbe	è inciampato
Noi	inciampiamo	inciampavamo	inciampammo	inciamperemo	inciamper-emmo	siamo inciampati
Voi	inciampate	inciampavate	inciampaste	inciamperete	inciampereste	siete inciampato
Loro	inciampano	inciampavano	inciamparono	inciamperannno	inciamper-ebbero	sono inciampato

Sub.	Presente	Imperfetto	Passato Remoto	Futuro	Cond	Passato Prossimo.
Io	calcio	calciavo	calciai	calcerò	calcerei	ho calciato
Tu	calci	calciavi	calciasti	calcerai	calceresti	hai calciato
Lui Lei	calcia	calciava	calciò	calcerà	calcerebbe	ha calciato
Noi	calciamo	calciavamo	calciammo	calceremo	calceremmo	abbiamo calciato
Voi	calciate	calciavate	calciaste	calcerete	calcereste	avete calciato
Loro	calciano	calciavano	calciarono	calceranno	calcerebbero	hanno calciato

learnverbs.com

Sub.	Presente	Imperfetto	Passato Remoto	Futuro	Cond	Passato Prossimo.
Io	penso	pensavo	pensai	penserò	penserei	ho pensato
Tu	pensi	pensavi	pensasti	penserai	penseresti	hai pensato
Lui Lei	pensa	pensava	pensò	penserà	penserebbe	ha pensato
Noi	pensiamo	pensavamo	pensammo	penseremo	penseremmo	abbiamo pensato
Voi	pensate	pensavate	pensaste	penserete	pensereste	avete pensato
Loro	pensano	pensavano	pensarono	penseranno	penserebbero	hanno pensato

learnverbs.com

Sub.	Presente	Imperfetto	Passato Remoto	Futuro	Cond	Passato Prossimo.
Io	sono	ero	fui	sarò	sarei	sono stato
Tu	sei	eri	fosti	sarai	saresti	sei stato
Lui Lei	è	era	fu	sarà	sarebbe	è stato
Noi	siamo	eravamo	fummo	saremo	saremmo	siamo stati
Voi	siete	eravate	foste	sarete	sareste	siete stati
Loro	sono	erano	furono	saranno	sarebbero	sono stati

Decidere

learnverbs.com

Sub.	Presente	Imperfetto	Passato Remoto	Futuro	Cond	Passato Prossimo.
Io	decido	decidevo	decisi	deciderò	deciderei	ho deciso
Tu	decidi	decidevi	decidesti	deciderai	decideresti	hai deciso
Lui Lei	decide	decideva	decise	deciderà	deciderebbe	ha deciso
Noi	decidiamo	decidevamo	decidemmo	decideremo	decideremmo	abbiamo deciso
Voi	decidete	decidevate	decideste	deciderete	decidereste	avete deciso
Loro	decidono	decidevano	decisero	decideranno	deciderebbero	hanno deciso

learnverbs.com

Sub.	Presente	Imperfetto	Passato Remoto	Futuro	Cond	Passato Prossimo.
Io	so	sapevo	seppi	saprò	saprei	ho saputo
Tu	sai	sapevi	sapesti	saprai	sapresti	hai saputo
Lui Lei	sa	sapeva	seppe	saprà	saprebbe	ha saputo
Noi	sappiamo	sapevamo	sapemmo	sapremo	sapremmo	abbiamo saputo
Voi	sapete	sapevate	sapeste	saprete	sapreste	avete saputo
Loro	sanno	sapevano	seppero	sapranno	saprebbero	hanno saputo

learnverbs.com

Sub.	Presente	Imperfetto	Passato Remoto	Futuro	Cond	Passato Prossimo.
Io	cambio	cambiavo	cambiai	cambierò	cambierei	ho / sono cambiato
Tu	cambi	cambiavi	cambiasti	cambierai	cambieresti	hai / sei cambiato
Lui Lei	cambia	cambiava	cambiò	cambierà	cambierebbe	ha / è cambiato
Noi	cambiamo	cambiavamo	cambiammo	cambieremo	cambieremmo	abbiamo cambiato / siamo cambiati
Voi	cambiate	cambiavate	cambiaste	cambierete	cambiereste	avete cambiato / siete cambiati
Loro	cambiano	cambiavano	cambiarono	cambieranno	cambierebbero	hanno cambiato / sono cambiati

learnverbs.com

Sub.	Presente	Imperfetto	Passato Remoto	Futuro	Cond	Passato Prossimo.
Io	imparo	imparavo	imparai	imparerò	imparerei	ho imparato
Tu	impari	imparavi	imparasti	imparerai	impareresti	hai imparato
Lui Lei	impara	imparava	imparò	imparerà	imparerebbe	ha imparato
Noi	impariamo	imparavamo	imparammo	impareremo	impareremmo	abbiamo imparato
Voi	imparate	imparavate	imparaste	imparerete	imparereste	avete imparato
Loro	imparano	imparavano	impararono	impareranno	imparerebbero	hanno imparato

Studiare

learnverbs.com

Sub.	Presente	Imperfetto	Passato Remoto	Futuro	Cond	Passato Prossimo.
Io	studio	studiavo	studiai	studierò	studierei	ho studiato
Tu	studi	studiavi	studiasti	studierai	studieresti	hai studiato
Lui Lei	studia	studiava	studiò	studierà	studierebbe	ha studiato
Noi	studiamo	studiavamo	studiammo	studieremo	studieremmo	abbiamo studiato
Voi	studiate	studiavate	studiaste	studierete	studiereste	avete studiato
Loro	studiano	studiavano	studiarono	studieranno	studierebbero	hanno studiato

Sub.	Presente	Imperfetto	Passato Remoto	Futuro	Cond	Passato Prossimo.
Io	sogno	sognavo	sognai	sognerò	sognerei	ho sognato
Tu	sogni	sognavi	sognasti	sognerai	sogneresti	hai sognato
Lui Lei	sogna	sognava	sognò	sognerà	sognerebbe	ha sognato
Noi	sogniamo	sognavamo	sognammo	sogneremo	sogneremmo	abbiamo sognato
Voi	sognate	sognavate	sognaste	sognerete	sognereste	avete sognato
Loro	sognano	sognavano	sognarono	sogneranno	sognerebbero	hanno sognato

learnverbs.com

Sub.	Presente	Imperfetto	Passato Remoto	Futuro	Cond	Passato Prossimo.
Io	inizio	iniziavo	iniziai	inizierò	inizierei	ho iniziato
Tu	inizi	iniziavi	iniziasti	inizierai	inizieresti	hai iniziato
Lui Lei	inizia	iniziava	iniziò	inizierà	inizierebbe	ha iniziato
Noi	iniziamo	iniziavamo	iniziammo	inizieremo	inizieremmo	abbiamo iniziato
Voi	iniziate	iniziavate	iniziaste	inizierete	iniziereste	avete iniziato
Loro	iniziano	iniziavano	iniziarono	inizieranno	inizierebbero	hanno iniziato

learnverbs.com

Sub.	Presente	Imperfetto	Passato Remoto	Futuro	Cond	Passato Prossimo.
Io	finisco	finivo	finii	finirò	finirei	ho finito
Tu	finisci	finivi	finisti	finirai	finiresti	hai finito
Lui Lei	finisce	finiva	finì	finirà	finirebbe	ha finito
Noi	finiamo	finivamo	finimmo	finiremo	finiremmo	abbiamo finito
Voi	finite	finivate	finiste	finirete	finireste	avete finito
Loro	finiscono	finivano	finirono	finiranno	finirebbero	hanno finito

Sub.	Presente	Imperfetto	Passato Remoto	Futuro	Cond	Passato Prossimo.
Io	vinco	vincevo	vinsi	vincerò	vincerei	ho vinto
Tu	vinci	vincevi	vincesti	vincerai	vinceresti	hai vinto
Lui Lei	vince	vinceva	vinse	vincerà	vincerebbe	ha vinto
Noi	vinciamo	vincevamo	vincemmo	vinceremo	vinceremmo	abbiamo vinto
Voi	vincete	vincevate	vinceste	vincerete	vincereste	avete vinto
Loro	vincono	vincevano	vinsero	vinceranno	vincerebbero	hanno vinto

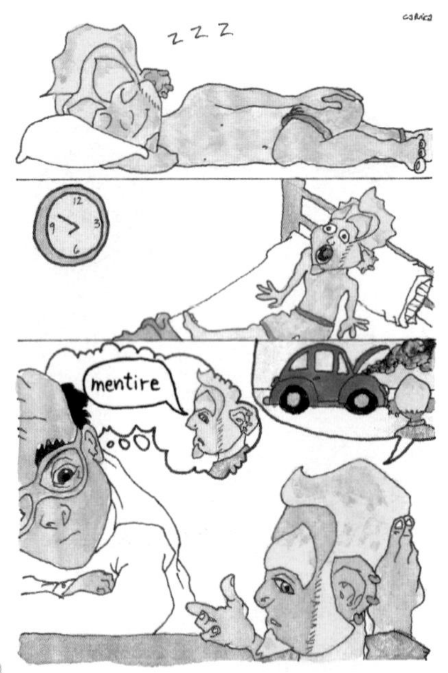

Sub.	Presente	Imperfetto	Passato Remoto	Futuro	Cond	Passato Prossimo.
Io	mento	mentivo	mentii	mentirò	mentirei	ho mentito
Tu	menti	mentivi	mentisti	mentirai	mentiresti	hai mentito
Lui Lei	mente	mentiva	mentì	mentirà	mentirebbe	ha mentito
Noi	mentiamo	mentivamo	mentimmo	mentiremo	mentiremmo	abbiamo mentito
Voi	mentite	mentivate	mentiste	mentirete	mentireste	avete mentito
Loro	mentono	mentivano	mentirono	mentiranno	mentirebbero	hanno mentito

learnverbs.com

Sub.	Presente	Imperfetto	Passato Remoto	Futuro	Cond	Passato Prossimo.
Io	valuto	valutavo	valutai	valuterò	valuterei	ho valutato
Tu	valuti	valutavi	valutasti	valuterai	valuteresti	hai valutato
Lui Lei	valuta	valutava	valutò	valuterà	valuterebbe	ha valutato
Noi	valutiamo	valutavamo	valutammo	valuteremo	valuteremmo	abbiamo valutato
Voi	valutate	valutavate	valutaste	valuterete	valutereste	avete valutato
Loro	valutano	valutavano	valutarono	valuteranno	valuterebbero	hanno valutato

learnverbs.com

Sub.	Presente	Imperfetto	Passato Remoto	Futuro	Cond	Passato Prossimo.
Io	guido	guidavo	guidai	guiderò	guiderei	ho guidato
Tu	guidi	guidavi	guidasti	guiderai	guideresti	hai guidato
Lui Lei	guida	guidava	guidò	guiderà	guiderebbe	ha guidato
Noi	guidiamo	guidavamo	guidammo	guideremo	guideremmo	abbiamo guidato
Voi	guidate	guidavate	guidaste	guiderete	guidereste	avete guidato
Loro	guidano	guidavano	guidarono	guideranno	guiderebbero	hanno guidato

learnverbs.com

Sub.	Presente	Imperfetto	Passato Remoto	Futuro	Cond	Passato Prossimo.
Io	conto	contavo	contai	conterò	conterei	ho contato
Tu	conti	contavi	contasti	conterai	conteresti	hai contato
Lui Lei	conta	contava	contò	conterà	conterebbe	ha contato
Noi	contiamo	contavamo	contammo	conteremo	conteremmo	abbiamo contato
Voi	contate	contavate	contaste	conterete	contereste	avete contato
Loro	contano	contavano	contarono	conteranno	conterebbero	hanno contato

learnverbs.com

Sub.	Presente	Imperfetto	Passato Remoto	Futuro	Cond	Passato Prossimo.
Io	organizzo	organizzavo	organizzai	organizzerò	organizz-erei	ho organizzato
Tu	organizzi	organizzavi	organizzasti	organizzerai	organizz-eresti	hai organizzato
Lui Lei	organizza	organizzava	organizzò	organizzerà	organizz-erebbe	ha organizzato
Noi	organiz-ziamo	organizz-avamo	organi-zzammo	organizz-eremo	organizz-eremmo	abbiamo organizzato
Voi	organizzate	organizz avate	organizzaste	organizz-erete	organizz-ereste	avete organizzato
Loro	organizzano	organizz avano	organizz-arono	organizz-eranno	organizz-erebbero	hanno organizzato

Costruire

Sub.	Presente	Imperfetto	Passato Remoto	Futuro	Cond	Passato Prossimo.
Io	costruisco	costruivo	costruii	costruirò	costruirei	ho costruito
Tu	costruisci	costruivi	costruisti	costruirai	costruiresti	hai costruito
Lui Lei	costruisce	costruiva	costruì	costruirà	costruirebbe	ha costruito
Noi	costruiamo	costruivamo	costruimmo	costruiremo	costruiremmo	abbiamo costruito
Voi	costruite	costruivate	costruiste	costruirete	costruireste	avete costruito
Loro	costruiscono	costruivano	costruirono	costruiranno	costruirebbero	hanno costruito

Pulire

to clean | limpiar

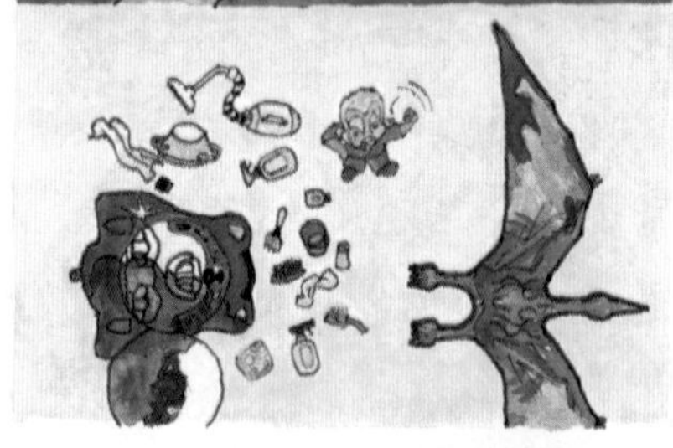

learnverbs.com

Sub.	Presente	Imperfetto	Passato Remoto	Futuro	Cond	Passato Prossimo.
Io	pulisco	pulivo	pulii	pulirò	pulirei	ho pulito
Tu	pulisci	pulivi	pulisti	pulirai	puliresti	hai pulito
Lui Lei	pulisce	puliva	pulì	pulirà	pulirebbe	ha pulito
Noi	puliamo	pulivamo	pulimmo	puliremo	puliremmo	abbiamo pulito
Voi	pulite	pulivate	puliste	pulirete	pulireste	avete pulito
Loro	puliscono	pulivano	pulirono	puliranno	pulirebbero	hanno pulito

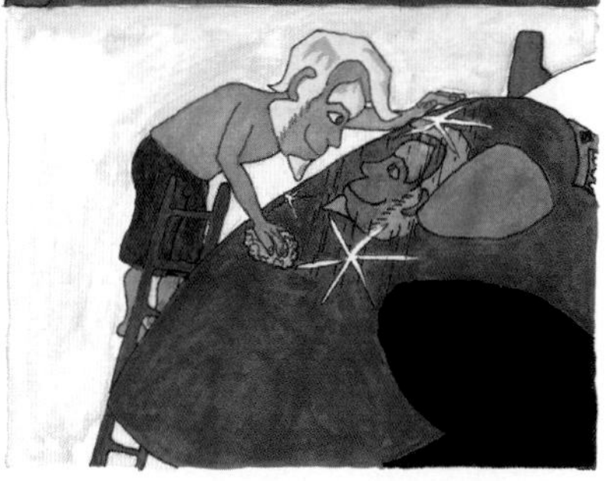

learnverbs.com

Sub.	Presente	Imperfetto	Passato Remoto	Futuro	Cond	Passato Prossimo.
Io	lucido	lucidavo	lucidai	luciderò	luciderei	ho lucidato
Tu	lucidi	lucidavi	lucidasti	luciderai	lucideresti	hai lucidato
Lui Lei	lucida	lucidava	lucidò	luciderà	luciderebbe	ha lucidato
Noi	lucidiamo	lucidavamo	lucidammo	lucideremo	lucideremmo	abbiamo lucidato
Voi	lucidate	lucidavate	lucidaste	luciderete	lucidereste	avete lucidato
Loro	lucidano	lucidavano	lucidarono	lucideranno	luciderebbero	hanno lucidato

learnverbs.com

Sub.	Presente	Imperfetto	Passato Remoto	Futuro	Cond	Passato Prossimo.
Io	scrivo	scrivevo	scrissi	scriverò	scriverei	ho scritto
Tu	scrivi	scrivevi	scrivesti	scriverai	scriveresti	hai scritto
Lui Lei	scrive	scriveva	scrisse	scriverà	scriverebbe	ha scritto
Noi	scriviamo	scrivevamo	scrivemmo	scriveremo	scriveremmo	abbiamo scritto
Voi	scrivete	scrivevate	scriveste	scriverete	scrivereste	avete scritto
Loro	scrivono	scrivevano	scrissero	scriveranno	scriverebbero	hanno scritto

learnverbs.com

Sub.	Presente	Imperfetto	Passato Remoto	Futuro	Cond	Passato Prossimo.
Io	ricevo	ricevevo	ricevetti	riceverò	riceverei	ho ricevuto
Tu	ricevi	ricevevi	ricevesti	riceverai	riceveresti	hai ricevuto
Lui Lei	riceve	riceveva	ricevette	riceverà	riceverebbe	ha ricevuto
Noi	riceviamo	ricevevamo	ricevemmo	riceveremo	riceveremmo	abbiamo ricevuto
Voi	ricevete	ricevevate	riceveste	riceverete	ricevereste	avete ricevuto
Loro	ricevono	ricevevano	ricevettero	riceveranno	riceverebbero	hanno ricevuto

learnverbs.com

Sub.	Presente	Imperfetto	Passato Remoto	Futuro	Cond	Passato Prossimo.
Io	do	davo	diedi	darò	darei	ho dato
Tu	dai	davi	desti	darai	daresti	hai dato
Lui Lei	da	dava	diede	darà	darebbe	ha dato
Noi	diamo	davamo	demmo	daremo	daremmo	abbiamo dato
Voi	date	davate	deste	darete	dareste	avete dato
Loro	danno	davano	diedero	daranno	daraebbero	hanno dato

learnverbs.com

Sub.	Presente	Imperfetto	Passato Remoto	Futuro	Cond	Passato Prossimo.
Io	mostro	mostravo	mostrai	mostrerò	mostrerei	ho mostrato
Tu	mostri	mostravi	mostrasti	mostrerai	mostreresti	hai mostrato
Lui Lei	mostra	mostrava	mostrò	mostrerà	mostrerebbe	ha mostrato
Noi	mostriamo	mostravamo	mostrammo	mostreremo	mostreremmo	abbiamo mostrato
Voi	mostrate	mostravate	mostraste	mostrerete	mostrereste	avete mostrato
Loro	mostrano	mostravano	mostrarono	mostreranno	mostrerebbero	hanno mostrato

learnverbs.com

Sub.	Presente	Imperfetto	Passato Remoto	Futuro	Cond	Passato Prossimo.
Io	bacio	baciavo	baciai	bacerò	bacerei	ho baciato
Tu	baci	baciavi	baciasti	bacerai	baceresti	hai baciato
Lui Lei	bacia	baciava	baciò	bacerà	bacerebbe	ha baciato
Noi	baciamo	baciavamo	baciammo	baceremo	baceremmo	abbiamo baciato
Voi	baciate	baciavate	baciaste	bacerete	bacereste	avete baciato
Loro	baciano	baciavano	baciarono	baceranno	bacerebbero	hanno baciato

learnverbs.com

Sub.	Presente	Imperfetto	Passato Remoto	Futuro	Cond	Passato Prossimo.
Io	compro	compravo	comprai	comprerò	comprerei	ho comprato
Tu	compri	compravi	comprasti	comprerai	compreresti	hai comprato
Lui Lei	compra	comprava	comprò	comprerà	comprerebbe	ha comprato
Noi	compriamo	compravamo	comprammo	compreremo	compreremmo	abbiamo comprato
Voi	comprate	compravate	compraste	comprerete	comprereste	avete comprato
Loro	comprano	compravano	comprarono	compreranno	compre-rebbero	hanno comprato

Sub.	Presente	Imperfetto	Passato Remoto	Futuro	Cond	Passato Prossimo.
Io	pago	pagavo	pagai	pagherò	pagherei	ho pagato
Tu	paghi	pagavi	pagasti	pagherai	pagheresti	hai pagato
Lui Lei	paga	pagava	pagò	pagherà	pagherebbe	ha pagato
Noi	paghiamo	pagavamo	pagammo	pagheremo	pagheremmo	abbiamo pagato
Voi	pagate	pagavate	pagaste	pagherete	paghereste	avete pagato
Loro	pagano	pagavano	pagarono	pagheranno	pagherebbero	hanno pagato

learnverbs.com

Sub.	Presente	Imperfetto	Passato Remoto	Futuro	Cond	Passato Prossimo.
Io	vado	andavo	andai	andrò	andrei	sono andato
Tu	vai	andavi	andasti	andrai	andresti	sei andato
Lui Lei	va	andava	andò	andrà	andrebbe	è andato
Noi	andiamo	andavamo	andammo	andremo	andremmo	siamo andati
Voi	andate	andavate	andaste	andrete	andreste	siete andati
Loro	vanno	andavano	andarono	andranno	andrebbero	sono andati

learnverbs.com

Sub.	Presente	Imperfetto	Passato Remoto	Futuro	Cond	Passato Prossimo.
Io	mi sposo	mi sposavo	mi sposai	mi sposerò	mi sposerei	mi sono sposato
Tu	ti sposi	ti sposavi	ti sposasti	ti sposerai	ti sposeresti	ti sei sposato
Lui Lei	si sposa	si sposava	si sposò	si sposerà	si sposerebbe	si è sposato
Noi	ci sposiamo	ci sposavamo	ci sposammo	ci sposeremo	ci sposeremmo	ci siamo sposati
Voi	vi sposate	vi sposavate	vi sposaste	vi sposerete	vi sposereste	vi siete sposati
Loro	si sposano	si sposavano	si sposarono	si sposeranno	si sposerebbero	si sono sposati

Proibire

learnverbs.com

Sub.	Presente	Imperfetto	Passato Remoto	Futuro	Cond	Passato Prossimo.
Io	proibisco	proibivo	proibii	proibirò	proibirei	ho proibito
Tu	proibisci	proibivi	proibisti	proibirai	proibiresti	hai proibito
Lui Lei	proibisce	proibiva	proibì	proibirà	proibirebbe	ha proibito
Noi	proibiamo	proibivamo	proibimmo	proibiremo	proibiremmo	abbiamo proibito
Voi	proibite	proibivate	proibiste	proibirete	proibireste	avete proibito
Loro	proibiscono	proibivano	proibirono	proibiranno	proibirebbero	hanno proibito

learnverbs.com

Sub.	Presente	Imperfetto	Passato Remoto	Futuro	Cond	Passato Prossimo.
Io	nuoto	nuotavo	nuotai	nuoterò	nuoterei	ho nuotato
Tu	nuoti	nuotavi	nuotasti	nuoterai	nuoteresti	hai nuotato
Lui Lei	nuota	nuotava	nuotò	nuoterà	nuoterebbe	ha nuotato
Noi	nuotiamo	nuotavamo	nuotammo	nuoteremo	nuoteremmo	abbiamo nuotato
Voi	nuotate	nuotavate	nuotaste	nuoterete	nuotereste	avete nuotato
Loro	nuotano	nuotavano	nuotarono	nuoteranno	nuoterebbero	hanno nuotato

Sub.	Presente	Imperfetto	Passato Remoto	Futuro	Cond	Passato Prossimo.
Io	amo	amavo	amai	amerò	amerei	ho amato
Tu	ami	amavi	amasti	amerai	ameresti	hai amato
Lui Lei	ama	amava	amò	amerà	amerebbe	ha amato
Noi	amiamo	amavamo	amammo	ameremo	ameremmo	abbiamo amato
Voi	amate	amavate	amaste	amerete	amereste	avete amato
Loro	amano	amavano	amarono	ameranno	amerebbero	hanno amato

learnverbs.com

Sub.	Presente	Imperfetto	Passato Remoto	Futuro	Cond	Passato Prossimo.
Io	salto	saltavo	saltai	salterò	salterei	ho saltato/ sono saltato
Tu	salti	saltavi	saltasti	salterai	salteresti	hai saltato/ sei saltato
Lui Lei	salta	saltava	saltò	salterà	salterebbe	ha saltato/ è saltato
Noi	saltiamo	saltavamo	saltammo	salteremo	salteremmo	abbiamo saltato / siamo saltati
Voi	saltate	saltavate	saltaste	salterete	saltereste	avete saltato / siete saltati
Loro	saltano	saltavano	saltarono	salteranno	salterebbero	hanno saltato / sono saltati

learnverbs.com

Sub.	Presente	Imperfetto	Passato Remoto	Futuro	Cond	Passato Prossimo.
Io	giro	giravo	girai	girerò	girerei	ho girato
Tu	giri	giravi	girasti	girerai	gireresti	hai girato
Lui Lei	gira	girava	girò	girerà	girerebbe	ha girato
Noi	giriamo	giravamo	girammo	gireremo	gireremmo	abbiamo girato
Voi	girate	giravate	giraste	girerete	girereste	avete girato
Loro	girano	giravano	girarono	gireranno	girerebbero	hanno girato

learnverbs.com

Sub.	Presente	Imperfetto	Passato Remoto	Futuro	Cond	Passato Prossimo.
Io	controllo	controllavo	controllai	controllerò	controllerei	ho controllato
Tu	controlli	controllavi	controllasti	controllerai	controlleresti	hai controllato
Lui Lei	controlla	controllava	controllò	controllerà	controllerebbe	ha controllato
Noi	controlliamo	controllavamo	controllammo	controlleremo	controlle-remmo	abbiamo controllato
Voi	controllate	controllavate	controllaste	controllerete	controllereste	avete controllato
Loro	controllano	controllavano	controllarono	controlleranno	controlle-rebbero	hanno controllato

to return | volver — Ritornare

learnverbs.com

Sub.	Presente	Imperfetto	Passato Remoto	Futuro	Cond	Passato Prossimo.
Io	ritorno	ritornavo	ritornai	ritornerò	ritornerei	sono ritornato
Tu	ritorni	ritornavi	ritornasti	ritornerai	ritorneresti	sei ritornato
Lui Lei	ritorna	ritornava	ritornò	ritornerà	ritornerebbe	è ritornato
Noi	ritorniamo	ritornavamo	ritornammo	ritorneremo	ritorneremmo	siamo ritornati
Voi	ritornate	ritornavate	ritornaste	ritornerete	ritornereste	siete ritornati
Loro	ritornano	ritornavano	ritornarono	ritorneranno	ritornerebbero	sono ritornati

learnverbs.com

Sub.	Presente	Imperfetto	Passato Remoto	Futuro	Cond	Passato Prossimo.
Io	cammino	camminavo	camminai	camminerò	camminerei	ho camminato
Tu	cammini	camminavi	camminasti	camminerai	cammineresti	hai camminato
Lui Lei	cammina	camminava	camminò	camminerà	camminerebbe	ha camminato
Noi	camminiamo	camminavamo	camminammo	cammineremo	cammi-neremmo	abbiamo camminato
Voi	camminate	camminavate	camminaste	camminerete	camminereste	avete camminato
Loro	camminano	camminavano	camminarono	cammineranno	cammi-nerebbero	hanno camminato

learnverbs.com

Sub.	Presente	Imperfetto	Passato Remoto	Futuro	Cond	Passato Prossimo.
Io	chiedo	chiedevo	chiesi	chiederò	chiederei	ho chiesto
Tu	chiedi	chiedevi	chiedesti	chiederai	chiederesti	hai chiesto
Lui Lei	chiede	chiedeva	chiese	chiederà	chiederebbe	ha chiesto
Noi	chiediamo	chiedevamo	chiedemmo	chiederemo	chiederemmo	abbiamo chiesto
Voi	chiedete	chiedevate	chiedeste	chiederete	chiedereste	avete chiesto
Loro	chiedono	chiedevano	chiesero	chiederanno	chiederebbero	hanno chiesto

Sub.	Presente	Imperfetto	Passato Remoto	Futuro	Cond	Passato Prossimo.
Io	entro	entravo	entrai	entrerò	entrerei	sono entrato
Tu	entri	entravi	entrasti	entrerai	entreresti	sei entrato
Lui Lei	entra	entrava	entrò	entrerà	entrerebbe	è entrato
Noi	entriamo	entravamo	entrammo	entreremo	entreremmo	siamo entrati
Voi	entrate	entravate	entraste	entrerete	entrereste	siete entrati
Loro	entrano	entravano	entrarono	entreranno	entrerebbero	sono entrati

learnverbs.com

Sub.	Presente	Imperfetto	Passato Remoto	Futuro	Cond	Passato Prossimo.
Io	chiamo	chiamavo	chiamai	chiamerò	chiamerei	ho chiamato
Tu	chiami	chiamavi	chiamasti	chiamerai	chiameresti	hai chiamato
Lui Lei	chiama	chiamava	chiamò	chiamerà	chiamerebbe	ha chiamato
Noi	chiamiamo	chiamavamo	chiamammo	chiameremo	chiameremmo	abbiamo chiamato
Voi	chiamate	chiamavate	chiamaste	chiamerete	chiamereste	avete chiamato
Loro	chiamano	chiamavano	chiamarono	chiameranno	chiamerebbero	hanno chiamato

learnverbs.com

Sub.	Presente	Imperfetto	Passato Remoto	Futuro	Cond	Passato Prossimo.
Io	vengo	venivo	venni	verrò	verrei	sono venuto
Tu	vieni	venivi	venisti	verrai	verresti	sei venuto
Lui Lei	viene	veniva	venne	verrà	verrebbe	è venuto
Noi	veniamo	venivamo	venimmo	verremo	verremmo	siamo venuti
Voi	venite	venivate	veniste	verrete	verreste	siete venuti
Loro	vengono	venivano	vennero	verranno	verrebbero	sono venuti

learnverbs.com

Sub.	Presente	Imperfetto	Passato Remoto	Futuro	Cond	Passato Prossimo.
Io	seguo	seguivo	seguii	seguirò	seguirei	ho seguito
Tu	segui	seguivi	seguisti	seguirai	seguiresti	hai seguito
Lui Lei	segue	seguiva	seguì	seguirà	seguirebbe	ha seguito
Noi	seguiamo	seguivamo	seguimmo	seguiremo	seguiremmo	abbiamo seguito
Voi	seguite	seguivate	seguiste	seguirete	seguireste	avete seguito
Loro	seguono	seguivano	seguirono	seguiranno	seguirebbero	hanno seguito

learnverbs.com

Sub.	Presente	Imperfetto	Passato Remoto	Futuro	Cond	Passato Prossimo.
Io	arresto	arrestavo	arrestai	arresterò	arresterei	ho arrestato
Tu	arresti	arrestavi	arrestasti	arresterai	arresteresti	hai arrestato
Lui Lei	arresta	arrestava	arrestò	arresterà	arresterebbe	ha arrestato
Noi	arrestiamo	arrestavamo	arrestammo	arresteremo	arresteremmo	abbiamo arrestato
Voi	arrestate	arrestavate	arrestaste	arresterete	arrestereste	avete arrestato
Loro	arrestano	arrestavano	arrestarono	arresteranno	arresterebbero	hanno arrestato

learnverbs.com

Sub.	Presente	Imperfetto	Passato Remoto	Futuro	Cond	Passato Prossimo.
Io	aspetto	aspettavo	aspettai	aspetterò	aspetterei	ho aspettato
Tu	aspetti	aspettavi	aspettasti	aspetterai	aspetteresti	hai aspettato
Lui Lei	aspetta	aspettava	aspettò	aspetterà	aspetterebbe	ha aspettato
Noi	aspettiamo	aspettavamo	aspettammo	aspetteremo	aspetteremmo	abbiamo aspettato
Voi	aspettate	aspettavate	aspettaste	aspetterete	aspettereste	avete aspettato
Loro	aspettano	aspettavano	aspettarono	aspetteranno	aspetterebbero	hanno aspettato

learnverbs.com

Sub.	Presente	Imperfetto	Passato Remoto	Futuro	Cond	Passato Prossimo.
Io	saluto	salutavo	salutai	saluterò	saluterei	ho salutato
Tu	saluti	salutavi	salutasti	saluterai	saluteresti	hai salutato
Lui Lei	saluta	salutava	salutò	saluterà	saluterebbe	ha salutato
Noi	salutiamo	salutavamo	salutammo	saluteremo	saluteremmo	abbiamo salutato
Voi	salutate	salutavate	salutaste	saluterete	salutereste	avete salutato
Loro	salutano	salutavano	salutarono	saluteranno	saluterebbero	hanno salutato

learnverbs.com

Sub.	Presente	Imperfetto	Passato Remoto	Futuro	Cond	Passato Prossimo.
Io	viaggio	viaggiavo	viaggiai	viaggerò	viaggerei	ho viaggiato
Tu	viaggi	viaggiavi	viaggiasti	viaggerai	viaggeresti	hai viaggiato
Lui Lei	viaggia	viaggiava	viaggiò	viaggerà	viaggerebbe	ha viaggiato
Noi	viaggiamo	viaggiavamo	viaggiammo	viaggeremo	viaggeremmo	abbiamo viaggiato
Voi	viaggiate	viaggiavate	viaggiaste	viaggerete	viaggereste	avete viaggiato
Loro	viaggiano	viaggiavano	viaggiarono	viaggeranno	viaggerebbero	hanno viaggiato

learnverbs.com

Sub.	Presente	Imperfetto	Passato Remoto	Futuro	Cond	Passato Prossimo.
Io	sbatto	sbattevo	sbattei	sbatterò	sbatterei	ho sbattuto
Tu	sbatti	sbattevi	sbattesti	sbatterai	sbatteresti	hai sbattuto
Lui Lei	sbatte	sbatteva	sbatté	sbatterà	sbatterebbe	ha sbattuto
Noi	sbattiamo	sbattevamo	sbattemmo	sbatteremo	sbatteremmo	abbiamo sbattuto
Voi	sbattete	sbattevate	sbatteste	sbatterete	sbattereste	avete sbattuto
Loro	sbattono	sbattevano	sbatterono	sbatteranno	sbatterebbero	hanno sbattuto

Riparare

Sub.	Presente	Imperfetto	Passato Remoto	Futuro	Cond	Passato Prossimo.
Io	riparo	riparavo	riparai	riparerò	riparerei	ho riparato
Tu	ripari	riparavi	riparasti	riparerai	ripareresti	hai riparato
Lui Lei	ripara	riparava	riparò	riparerà	riparerebbe	ha riparato
Noi	ripariamo	riparavamo	riparammo	ripareremo	ripareremmo	abbiamo riparato
Voi	riparate	riparavate	riparaste	riparerete	riparereste	avete riparato
Loro	riparano	riparavano	ripararono	ripareranno	riparerebbero	hanno riparato

learnverbs.com

Sub.	Presente	Imperfetto	Passato Remoto	Futuro	Cond	Passato Prossimo.
Io	taccio	tacevo	tacqui	tacerò	tacerei	ho taciuto
Tu	taci	tacevi	tacesti	tacerai	taceresti	hai taciuto
Lui Lei	tace	taceva	tacque	tacerà	tacerebbe	ha taciuto
Noi	tacciamo	tacevamo	tacemmo	taceremo	taceremmo	abbiamo taciuto
Voi	tacete	tacevate	taceste	tacerete	tacereste	avete taciuto
Loro	tacciono	tacevano	tacquero	taceranno	tacerebbero	hanno taciuto

Sub.	Presente	Imperfetto	Passato Remoto	Futuro	Cond	Passato Prossimo.
Io	accendo	accendevo	accesi	accenderò	accenderei	ho acceso
Tu	accendi	accendevi	accendesti	accenderai	accenderesti	hai acceso
Lui Lei	accende	accendeva	accese	accenderà	accenderebbe	ha acceso
Noi	accendiamo	accendevamo	accendemmo	accenderemo	accende-remmo	abbiamo acceso
Voi	accendete	accendevate	accendeste	accenderete	accendereste	avete acceso
Loro	accendono	accendevano	accesero	accenderanno	accende-rebbero	hanno acceso

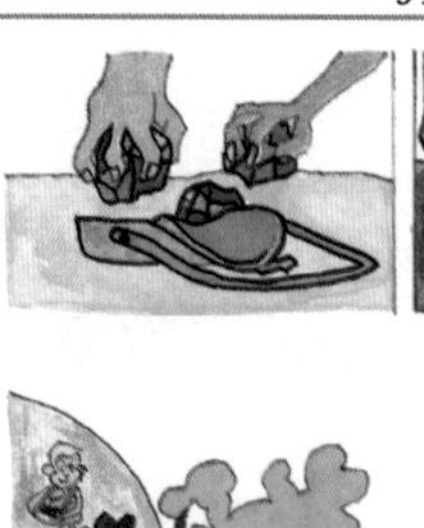

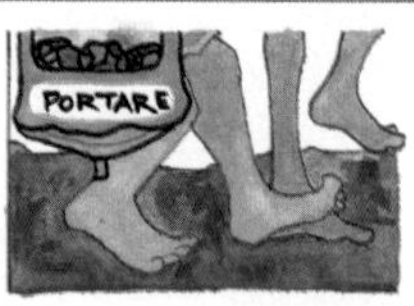

Sub.	Presente	Imperfetto	Passato Remoto	Futuro	Cond	Passato Prossimo.
Io	porto	portavo	portai	porterò	porterei	ho portato
Tu	porti	portavi	portasti	porterai	porteresti	hai portato
Lui Lei	porta	portava	portò	porterà	porterebbe	ha portato
Noi	portiamo	portavamo	portammo	porteremo	porteremmo	abbiamo portato
Voi	portate	portavate	portaste	porterete	portereste	avete portato
Loro	portano	portavano	portarono	porteranno	porterebbero	hanno portato

learnverbs.com

Sub.	Presente	Imperfetto	Passato Remoto	Futuro	Cond	Passato Prossimo.
Io	taglio	tagliavo	tagliai	taglierò	taglierei	ho tagliato
Tu	tagli	tagliavi	tagliasti	taglierai	taglieresti	hai tagliato
Lui Lei	taglia	tagliava	tagliò	taglierà	taglierebbe	ha tagliato
Noi	tagliamo	tagliavamo	tagliammo	taglieremo	taglieremmo	abbiamo tagliato
Voi	tagliate	tagliavate	tagliaste	taglierete	tagliereste	avete tagliato
Loro	tagliano	tagliavano	tagliarono	taglieranno	taglierebbero	hanno tagliato

learnverbs.com

Sub.	Presente	Imperfetto	Passato Remoto	Futuro	Cond	Passato Prossimo.
Io	faccio	facevo	feci	farò	farei	ho fatto
Tu	fai	facevi	facesti	farai	faresti	hai fatto
Lui Lei	fa	faceva	fece	farà	farebbe	ha fatto
Noi	facciamo	facevamo	facemmo	faremo	faremmo	abbiamo fatto
Voi	fate	facevate	faceste	farete	fareste	avete fatto
Loro	fanno	facevano	fecero	faranno	farebbero	hanno fatto

Sub.	Presente	Imperfetto	Passato Remoto	Futuro	Cond	Passato Prossimo.
Io	registro	registravo	registrai	registrerò	registrerei	ho registrato
Tu	registri	registravi	registrasti	registrerai	registreresti	hai registrato
Lui Lei	registra	registrava	registrò	registrerà	registrerebbe	ha registrato
Noi	registriamo	registravamo	registrammo	registreremo	registreremmo	abbiamo registrato
Voi	registrate	registravate	registraste	registrerete	registrereste	avete registrato
Loro	registrano	registravano	registrarono	registreranno	registrer-ebbero	hanno registrato

Sub.	Presente	Imperfetto	Passato Remoto	Futuro	Cond	Passato Prossimo.
Io	mangio	mangiavo	mangiai	mangerò	mangerei	ho mangiato
Tu	mangi	mangiavi	mangiasti	mangerai	mangeresti	hai mangiato
Lui Lei	mangia	mangiava	mangiò	mangerà	mangerebbe	ha mangiato
Noi	mangiamo	mangiavamo	mangiammo	mangeremo	mangeremmo	abbiamo mangiato
Voi	mangiate	mangiavate	mangiaste	mangerete	mangereste	avete mangiato
Loro	mangiano	mangiavano	mangiarono	mangeranno	mangerebbero	hanno mangiato

learnverbs.com

Sub.	Presente	Imperfetto	Passato Remoto	Futuro	Cond	Passato Prossimo.
Io	passeggio	passeggiavo	passeggiai	passeggerò	passeggerei	ho passeggiato
Tu	passeggi	passeggiavi	passeggiasti	passeggerai	passeggeresti	hai passeggiato
Lui Lei	passeggia	passeggiava	passeggiò	passeggerà	passeggerebbe	ha passeggiato
Noi	passeggiamo	passeggi-avamo	passeggi-ammo	passeggeremo	passegge-remmo	abbiamo passeggiato
Voi	passeggiate	passeggiavate	passeggiaste	passeggerete	passeggereste	avete passeggiato
Loro	passeggiano	passeggi-avano	passeggi-arono	passeggeranno	passeggre-bbero	hanno passeggiato

learnverbs.com

Sub.	Presente	Imperfetto	Passato Remoto	Futuro	Cond	Passato Prossimo.
Io	sto	stavo	stetti	starò	starei	sono stato
Tu	stai	stavi	stesti	starai	staresti	sei stato
Lui Lei	sta	stava	stette	starà	starebbe	è stato
Noi	stiamo	stavamo	stemmo	staremo	staremmo	siamo stati
Voi	state	stavate	steste	starete	stareste	siete stati
Loro	stanno	stavano	stettero	staranno	starebbero	sono stati

Sub.	Presente	Imperfetto	Passato Remoto	Futuro	Cond	Passato Prossimo.
Io	mi fermo	mi fermavo	mi fermai	mi fermerò	mi fermerei	mi sono fermato
Tu	ti fermi	ti fermavi	ti fermasti	ti fermerai	ti fermeresti	ti sei fermato
Lui Lei	si ferma	si fermava	si fermò	si fermerà	si fermerebbe	si è fermato
Noi	ci fermiamo	ci fermavamo	ci fermammo	ci fermeremo	ci fermeremmo	ci siamo fermati
Voi	vi fermate	vi fermavate	vi fermaste	vi fermerete	vi fermereste	vi siete fermati
Loro	si fermano	si fermavano	si fermarono	si fermeranno	si fermerebbero	si sono fermati

Index

Italian

English

Spanish

Picture Challenge

1. How many dinosaurs can you see on page 62?
2. Who is the lion trying to protect on page 98?
3. What is the occupation of the man who sits on the chair on page 2?
4. What is the dog's name?
5. What happens to the gambler later on in the book after he loses all his money?
6. Where does the man get the flowers from on page 66?
7. How does the teacher know the student is lying on page 56?
8. What did the artist forget to draw on page 81?
9. What is different about the woman on page 64?
10. How many times does the thief appear in this book?

Test Visual

1. ¿Cuántos dinosaurios aparecen en la página 62?
2. ¿A quién intenta proteger el león de la página 98?
3. ¿A qué se dedica el hombre sentado en la silla de la página 2?
4. ¿Cómo se llama el perro?
5. ¿Qué le ocurre al jugador cuando pierde todo su dinero?
6. ¿De dónde saca el hombre de la página 66 las flores?
7. ¿Cómo sabe el profesor de la página 56 que el alumno le está mintiendo?
8. ¿Qué olvidó dibujar el artista de la página 81?
9. ¿Qué hay de extraño en la mujer de la página 64?
10. ¿Cuantas veces aparece el ladrón en este libro?

Acknowledgements

Julian Wilkins, Xavier Ortiz, Olivia Branco, Barnaby Irving, Tristan Phipps, Ana Lucia Umpierre Leite, Marcela Slade (Book Cover Design), Jody Deane, Ina Wolbers, Nia, Natalia, Marta Lamolla, Joachim von Hülsen, Betty (the French girl), Pru and Chatter.

Rosamund Place, Jane Gaggero, Jeanie Eldon (Catalan teacher.)

Chris Ryland (*emsoftware*) For Xdata.

Special thanks to Dr. Josep-Lluís González Medina who not only reviewed the book but gave valuable feedback on the 1st edition so that the 2nd edition could be perfected. I would also like to thank the four students (also from Eton) for their constuctive feedback which helped with the last minute changes - Freddie Caldecott, Adeola Afolami, Charlie Donaldson and George Prior-Palmer.

Sue Tricio, Suzi Turner, Mrs K Merino, Maggie Bowen, Karen Brooks, Susana Boniface, Sandra Brown Hart, Mrs. R. Place, Mrs. A. Coles, Lynda McTier, Christine Ransome, Ann Marie Butemann, Paul Delaney, Mrs. Eames, Mrs. G. Bartolome, Dr. Marianne Ofner, Gail Bruce, Janet R. Holland, Cheryl Smedley, Mrs. C. Quirk, Will Fergie, Alice Dobson, Tamara Oughtred, Cathy Yates, Tessa Judkins, Andy Lowe, Andrea White and Kant Mann.

Thanks Fran for your talent, enthusiasm and professionalism, you're a great artist!!!

About the Author

Rory Ryder created the idea and concept of *Learn 101 Verbs in 1 Day* after finding most verb books time consuming and outdated. Most of the people he spoke to, found it very frustrating trying to remember the verbs and conjugations simply by repetition. He decided to develop a book that makes it easy to remember the key verbs and conjugations but which is also fun and very simple to use. Inspired by Barcelona, where he now lives, he spends the majority of his time working on new and innovative ideas.

Sobre el Autor

Ron Ryder ideó la colección *Aprende 101 verbos en 1 día* tras descubrir que la mayoría de gramáticas basaban el aprendizaje de los verbos y sus conjugaciones en la repetición constante de estructuras. Un enfoque anticuado que exige un gran esfuerzo al alumno, provocando muchas veces su desinterés. Este método convierte al lector en sujeto activo, haciendo del estudio verbal una actividad fácil, agradable y amena. Una concepción creativa e innovadora, inspirada en Barcelona, ciudad donde reside actualmente.

Other Tsunami Systems Books
Otros títulos de Tsunami Systems

Learn **101** Verbs in **1** Day Series

Learn 101 Catalan Verbs in 1 Day	-	ISBN 84-609-5468-4
Learn 101 English Verbs in 1 Day	-	ISBN 84-609-4541-3
Learn 101 French Verbs in 1 Day	-	ISBN 84-609-4545-6
Learn 101 German Verbs in 1 Day	-	ISBN 84-609-4537-5
Learn 101 Italian Verbs in 1 Day	-	ISBN 84-609-4540-5
Learn 101 Portuguese Verbs in 1 Day	-	ISBN 84-609-4543-X
Learn 101 Spanish Verbs in 1 Day	-	ISBN 84-609-4539-1
Learn 101 Spanish Verbs in 1 Day (large format)	-	ISBN 84-607-9637-X
Learn 101 Phrasal Verbs in 1 Day	-	ISBN 84-609-5469-2

Aprende en **1** Día **101** Verbos

Aprende en 1 Día 101 Verbos en Alemán	-	ISBN 84-609-5463-3
Aprende en 1 Día 101 Verbos en Catalán	-	ISBN 84-609-4547-2
Aprende en 1 Día 101 Verbos en Español	-	ISBN 84-609-5466-8
Aprende en 1 Día 101 Verbos en Francés	-	ISBN 84-609-4549-9
Aprende en 1 Día 101 Verbos en Inglés	-	ISBN 84-609-4552-9
Aprende en 1 Día 101 Verbos en Italiano	-	ISBN 84-609-5467-6
Aprende en 1 Día 101 Verbos en Portugués	-	ISBN 84-609-5465-X
Aprende en 1 Día 101 *Phrasal Verbs* en Inglés	-	ISBN 84-609-4548-0